Heinrich Preschers

Noten zum Texte

Freimütige Bemerkungen über das Verbrechen und die Strafe des

Gardeoberstleutnant Szekely

Heinrich Preschers

Noten zum Texte
Freimütige Bemerkungen über das Verbrechen und die Strafe des Gardeoberstleutnant Szekely

ISBN/EAN: 9783743678019

Hergestellt in Europa, USA, Kanada, Australien, Japan

Cover: Foto ©ninafisch / pixelio.de

Weitere Bücher finden Sie auf **www.hansebooks.com**

Noten zum Texte

Freimüthige Bemerkungen
über das
Verbrechen,
und die
Strafe
des
Gardeoberstleutnant
Szekely.

Von einem ehrlichen Manne.

Augsburg,
bei Conrad Heinrich Stage.
1786.

Sey es auch mir erlaubt die, von dem Herrn Verfasser, auf dem Titel benannter Broschüre, mit einer sehr ernsthaften Mine, und vielen Geschrei vorgeführte, unverkappt, und ungeschminkt seyn sollende Wahrheit ein bischen näher zu beleuchten, und d i e s e in ihrer schaudervollen Blöße erscheinen zu lassen. Auch ich bin ein Freund der Wahrheit, aber der unverfälschten, die man nicht mit der Brille des Vorurtheils auf der Nase anzusehen nöthig hat, um sie schön zu finden. Und aus Liebe zu dieser reinen Wahrheit schrieb ich was man in diesen wenigen Blättern lesen kann, wenn man will; aus keiner andern Absicht, denn man wird m e i n e n Namen eben so wenig als d e n des Pasquillanten erfahren, auch erwart ich von JOSEPH keine Belohnung dafür, da ihm ein solches Geschmier, als die Bemerkungen sind, zuverläßig ganz unwichtig seyn wird. Nur weil es mir persönlich weh that, daß ER der Welt in einem so falschen, widrigen Lichte gezeigt werden sollte, verdarb ich einige Stunden mit Widerlegung einer Schrift die eigentlich keiner Widerlegung bedürfte.

 Hört

Hört Leser! ohne Eckel vor allem was obere Gewalt heißt, was ich euch von der Unzuläßsigkeit, dem rohen, unverdauten, schülermäßigen Geschmiere eines schreibseligen Wienerbrochürenfabrikanten mit reinem, unpartheiischen Munde, mit warmen Herzen sagen werde, und fällt dann Euer Urtheil, über ihn, über mich, und Szkelis Strafe. Zum Behufe derer die das heillose Werkchen nicht gelesen haben, und von dessen Fürtrefflichkeit etwa schwatzen hörten, wie auch jener, die es zwar schon kennen, aber dasselbe bei Durchlesung gegenwärtiger Widerlegung nicht beihanden haben, und dafür die einigen Groschen ausgeben müßten, um welche mir es denn herzlich leid thun würde, will ich so osterwähnten Aufsatz Wort für Wort ohne Weglassung eines Beistriches, stückweis einschalten. — Und nun zur Sache. Seite IV fängt also das Pasquill mit folgenden Worten an: **Szekeli, so bald er die bei der Gardekasse obwaltende Verwirrung und den in derselben bemerkten Abgang angezeigt hatte, wurde sogleich eingezogen, und nach, zum Schein vorläufig gemachten Untersuchungen, ein Kriegsrecht über ihn gehalten.** *) Gleich nach Lesung ihres Eingangs

*) Hiebei hat sich zwar ein baarer Abgang in der Kasse von 97000 fl. veroffenbaret, allein; da Szekeli bewiesen hat, daß er sich ganz auf den ver-

gangs entstand bei mir eine sehr wichtige Frage, die sie aber auch nicht von weitem beantworteten, die Frage nämlich: Wann hat Szekeli die obwaltende Verwirrung bey der Gardekasse und den Abgang in derselben bemerkt, und angezeigt? als er ihn bemerkte, — oder als er ihn so groß fand, daß derselbe nicht mehr zu verheimlichen war? — Sie bestättigen selbes letzteres durch das was Sie Seite VIII und IX für ihn zu sagen glauben: Es kann zwar auch seyn daß Szekeli die Unordnung bei der Gardekasse mag wahrgenommen, und einen Defekt befürchtet haben, welches ihn vielleicht, und, da er auf die bei desselben Entdeckung zu befahren habende schändlich entehrende Bestrafung rechnen konnte, (hier gestehen sie selber ein, daß er eine schändlich entehrende Strafe verdient habe, weil er darauf rechnen konnte) verleitet hat, all sein Studium der Chemie zu widmen, um vielleicht durch eine

verstorbenen Garderechnungsführer Lakner verlassen, daß er demselben die Kasseschlüsseln auf immer anvertrauet, ja so gar, da er seine gänzliche Unwissenheit im Rechnungsgeschäft mehr als einmal ganz offenherzig einbekannt, die Rechnungen nie durchgesehen hat, so hat man ihn nicht wohl eines Kasseangriffs beschuldigen können, zumalen das ganze Gardekorps die Niederträchtigkeit, und den über sein Vermögen glänzenden Aufwand des verstorbenen Rechnungsführers Lakner bestättiget hat.

eine glückliche Erfindung sich aus dem Labirinthe, und der Gefahr die ihm drohte herauszuhelfen. (Eine wohlorganisirte, prächtig ausgeführte Periode per Parenthesin) Sie selber also vermuthen, wie bescheiden, daß Szekeli durch chemische Operazionen, und daraus folgen sollende glückliche Entdeckungen den Fehler wieder gut zu machen hoffte, und er arbeitete in diesem Fache notorisch schon vor mehr als fünfzehn Jahren. Vor sechs Jahren versicherte mich das einer seiner vertrautesten Freunde, ebenfalls ein Chemiker, also hat er's, nach dem was Sie zu vermuthen belieben, vor so vielen Jahren schon bemerkt, da lebte der Rechnungsführer Lakner noch, welchem Sie, wie aus vorgehender Note erhellt, dermalen alle Schuld beimessen; der lebende hätte zu aller Verantwortung gezogen werden können, und sollen, wenn Szekeli'n anders seine Ehre, und seine Rechtfertigung lieb waren. Da lebte die gnädigste Monarchinn noch, an die er sich wenden, und ihr das Vertrauen von der Verwirrung, von seiner Nachläßigkeit, und Unfähigkeit machen konnte, welche, auf seine Ehrlichkeit bauend, wie Ihr S. X angeführtes Handbillet bestätigt, ihn gewiß aus der Verlegenheit gerissen, und ihm wieder zu Ehren geholfen haben würde. Ferner les ich: und nach, zum Schein, vorläufig gemachten Untersuchungen.

Warum

Warum zum Schein? lieber Herr! das ist eine Beschuldigung, welche, da sie dieselbe nicht bewiesen haben, von der Bitterkeit ihres Herzens in den ersten fünf Zeilen deutlich zeiget. Wissen Sie auch wohl was das heißt eine Untersuchung zum Schein? eine Untersuchung nach der man jemand schuldig finden will. — Oder sollten Sie's so verstanden haben, daß die Untersuchung des Kasseabgangs nicht nöthig gewesen wäre, weil Szekeli den Abgang, so ist der Ausdruck ganz unrichtig, und ich will was verwetten Sie drückten sich aus Bosheit dunkel aus, um so verstanden zu werden, wie ich mir's im ersten Augenblick erklärte. Aber auch die Untersuchung, ungeachtet Szekelis Aussage war nicht unnöthig, denn wer wird einem Kasseverwalter auf's Wort glauben, wenn sich in desselben Kasse ein so beträchtlicher Abgang vorfindet, und ist es nicht in der Ordnung eine mangelhafte Kasse bis auf den letzten Heller zu untersuchen? — Ich drehe ihren Ausdruck herum wie ich will, nehme ich nichts an demselben wahr als Bosheit, oder plumpe Rechtsunkündigkeit, und schalen Witz. Hiebei, heißt es weiter, hat sich zwar ein baarer Abgang von 97000 fl. veroffenbaret, allein da Szekeli bewiesen hat, daß er sich ganz auf den verstorbnen Garderechnungsführer Lakner verlassen, und wie vorhergehende Note

weit-

weiter lautet. Wie beweisen denn Sie das mein Freund! daß Szekeli das bewiesen habe? Akten her! Protokolle her! dann wird die Welt überzeugt seyn, denn glauben nutzt in diesem Falle nichts. Gesagt mag er's haben, was antwortete aber Lakner darauf? — der ist tod, also nicht so voreilig geurtheilt, da wir den Todten nicht mehr vernehmen können. War Lakner deßwegen ein Dieb, weil er größern Aufwand machte als er konnte und sollte, konnt es Szekeli nicht mitgewesen seyn, von dem man weis, daß er laborirte, was denn unermeßliche Summen kostet; und von dem man sagt, daß er gespielt habe. Dazu soll Szekeli das kleine Vermögen seiner Frau bis auf eine sehr geringe Summe durchgebracht haben, weßwegen Sie auch nicht mehr miteinander gelebt, wenigstens nicht in Eintracht gelebt haben sollen, beide waren also üble Wirthe, Verschwender. Laknern halten Sie aus dieser Ursache für den Dieb, und ich aus den nämlichen Gründen Szekeli so lange für den Mitschuldigen bis Sie mich aktenmäßig des Gegentheils überzeugt haben. *) Szekeli wäre der größte Thor ge-

*) Weiter sagen Sie S. V. Man hat daher dem Oberstleutnant Szekeli nur die äußerste — immer strafbare Nachläßigkeit zeugen können, woraus von selbst folgt wie nach dem abgemeßnen Verhältnisse zwischen dem Verbrechen und

gewesen, wenn er bekannt hätte, und das Ueberführen des Eingriffs gieng den todten Lakner, nicht den Richter an, wovon ich hernach sprechen werde. Sie fahren fort: das Kriegsrecht hat auf eine sechsjährige Gefangenschaft in einer Festung angetragen, und der Hofkriegsrath, dem nach der bestehenden Vorschrift dieses Kriegsrecht zu revidiren übergeben werden mußte, begieng den groben Fehler den kriegsrechtlichen Strafspruch zu verschärfen, und die Dauerzeit der Gefangenschaft auf acht Jahre auszudehnen. Warum den groben Fehler? hat nicht vielmehr das Kriegsrecht einen Fehler begangen, den der Hofkriegsrath verbesserte? oder wollten Sie wohl die Unbescheidenheit, (in ihrem Munde Unverschämtheit) haben, die Sie einige Seiten darauf dem Kaiser andichten, ein Kollegium, eine Revisionsstelle für dumm, oder wohl gar für partheiisch zu erklären? Die erste Instanz ist immer die, wo Leute von geringerer Rechtskenntniß sitzen, bey Militärspersonen aus dem Mittel des Delinquenten bei den Revisionsstellen sind Sachverständige, geübtere Männer, sonst würden

und Strafe leztere ausfallen müßte. Das Kriegsrecht hat auch aus diesem Unbetracht da er um mich Juridisch auszudrucken, weder Confessus noch convictus war, auf eine sechsjährige Gefangenschaft in einer Festung angetragen.

sie nicht im Stande seyn, ihre Bestimmung, die Untersuchung des ersten Urtheils, zu erfüllen; also glaub ich eher könnte das Kriegsrecht, nicht der Hofkriegsrath gefehlt haben. Ihr beißendes, witzig seyn sollendes Einschiebsel: wo demselben doch unmöglich unbekannt seyn kann, daß unser allergnädigster Monarch ohnehin gewohnt sey, die von den Gerichtsstellen über Verbrecher gefällte Urtheile immer in Gnaden zu — verstrengen, ist der plumpen Majestätschändung wegen keiner Ahndung werth. Nur will ich erinnern, daß Strafe Gnade, nicht für den bestraften Schuldigen; sondern für die überlebenden Ehrlichen sey, besonders wenn, wie sie selber S. XI sagen: der Monarch durch all seine Strenge die Schurken doch nicht abschrecken kann. Das höchste Wesen verhängt Hunger, Krieg, und Pest über die Menschen, und ich glaube zu unserm Besten, obschon viel brave Kerls aber auch mit zehnmal mehr Schurken aus der Welt geschafft werden. Aber legen Sie das ja beyleibe nicht zu voreilig auf Szekeli aus, ich werd es weiter unten schon selber erklären. Doch hierüber (über den Hofkriegsrathsspruch) sagen Sie S. VI. will ich hinausgehen, und glauben, daß das Revisorium nach den Gesetzen, und der strengen Gerechtigkeit so sprechen mußte. Was für ein erschrecklicher Widerspruch! vorhin beschul=

schuldigen Sie dasselbe eines groben Fehlers, um auf Kosten eines Monarchen ihren armseligen, witzigen Einfall anzubringen, izt glauben Sie daß er recht habe, und räumen dadurch die Unzuverläßigkeit ihrer Proposizionen, wie auch daß Szekeli nicht so schuld, nicht so verdachtlos sey, als Sie ihn uns anfangs zu schildern bemüht waren, stillschweigend ein. Daß Sie des Kaisers zwo Resoluzionen *) nicht begreifen, ist mir sehr begreiflich, weil mir aus allem erhellt, daß Sie sehr wenig begreifen. Doch keine Beleidigungen; erlauben

*) Szekeli ist ohne weiters zu kaßiren des Militärstandes unfähig zu erklären, und dem Zivil zur Bestrafung zu übergeben, wo er nachher in In loco delicti nämlich in Wien drei Tage nacheinander, alle Tage zwei Stunden auf der Bühne auf dem hohen Markte zum erspiegelnden Beispiele zu stehen hat.

Die ihm zuerkannte 8jährige Arreststrafe will ich ihm aus Gnaden wegen seines Alters bis auf vier Jahre vermindern, diese hat er in dem Zivilstraforte Szegedin der für Hungarn besteht, mit der gewöhnlichen Azung wie andere Delinquenten auszuhalten.

Noch weniger ist es möglich mich zu überführen, daß der Monarch auf einen neuerlichen, wegen dieser so scharfen Resolution erstatteten Vortrag, wo man ihm so gründlich vorstellte, daß diese Strafe gar nicht Plaz greifen könne, und sie so unverdient, als den Gesetzen, und der Gerechtigkeit widersprechend ist, dennoch auf seiner ersten Entschließung hat beharren, und neuerdings so streng sprechen können. Ich will diese lezte Resolution auch von Wort zu Wort hersezen. Ein

ben Sie mir lieber über ihre folgenden Zweifel; ein paar Wörtchen zu sagen: Szekeli ist strafbar, lautet es §. VIII wegen seiner supinen Nachläßigkeit; er ist strafbar, daß er sein volles Zutrauen in einen Rechnungsführer setzte, von dem, da es das ganze Gardecorps wußte, es ihm gewiß nicht unbekannt seyn konnte, daß er splendide lebe, und solches von seinem eignen Vermögen zu bestreiten nicht wohl im Stande seyn möge. Was diesem in Betreff der Chemie folgt, hab ich oben beantwortet. §. IX fahren Sie fort: so kindisch dieses immer bei Männern klingen mag, so ist es doch auch eine Leidenschaft, die er um so weniger bezwingen konnte, als er in selber allein Hilfe suchte, und hoffte. Was soll Leidenschaft entschuldigen? was für ein grosses Ver-

Ein jeder unrichtiger Kassebeamter kann wie Szekeli sagen, er wußte nicht wo das Geld hingekommen ist, wenn er es auch gestohlen hätte. Sobald als Geld, besonders eine so ansehnliche Summe wie diese von 97000 fl. in der Kasse sich nicht befindet, so stehet es nicht mehr dem Richter zu ihm zu beweisen, daß er es entfremdet hat; sondern ihm steht zu, zu beweisen, daß er es nicht entwendet hat, und so bald er dieses nicht beweisen kann, so bleibt er ein Dieb. Es ist also ohne weiters der Sentenz gegen ihn, sobald er kaßirt ist, folglich aufhört Militär zu seyn, zu vollziehen, und ihm das Zettel als untreuer Beamter anzuhängen. Man erlaube mir über beide diese Allerhöchste Entschließungen meine Meinung zu sagen.

Verbrechen entstand nicht aus Leidenschaft, die manchmal bis zur Raserei anwachsen muß, um den Greuel zu begehen; denn welcher Mensch hat wohl noch mit kaltem Blute eine Mordthat, einen Raub, oder dergleichen begangen? Man darf nur ein bischen anatomische und psichologische Kenntnisse besitzen, um zu begreifen, daß es Ueberwindung koste eine gräßliche Idee, die dazu wo nicht neu, doch nicht so gewöhnlich ist, so fest anzufassen, daß die Seele darüber zur Handlung vermocht werden könne. Es gehört also der deutliche, oder doch sehr heiße Begriff von einer größern damit nothwendig verbundnen guten Folge, oder im Unterlassungsfalle eines nothwendig daraus entstehenden sehr beträchtlichen Uebels dazu, aus welchem die Empfindung, die Agitazion in dem Wirkenden entsteht, welche Leidenschaft heißt. Tragen Sie mir die Vertheidigung was immer für eines Verbrechers auf, versichern sie mich daß er Gnade vor ihnen finden soll, wenn ich ihnen beweise, daß nur seine nothwendig aufs äußerste gespannte Einbildungskraft, (die Quelle der Leidenschaft) ihn dahin gebracht, wo er dermalen ist, und er soll, wenn er ein Vatermörder wäre, vom Schaffote befreit seyn, weil ich nicht nur erweisen werde, was sie verlangen, sondern auch so viel absoluten Zusammenhang in allen seinen Handlungen, empfangenen Eindrücken, und

Be=

Begriffen darthun werde, daß der Grund seines letzten Vergehens in den ersten Wochen des deutlichen Bewußtseyns seiner Existenz zu liegen scheinen soll. Wenn aber auch der Verbrecher nicht anders handeln konnte als er handelte, so kann auch der Staat, oder der Fürst, der Repräsentant des Staats, nicht anders verfahren als ihn, da er ein untaugliches Glied der Gesellschaft ist abzuschneiden, und zum Beispiele aller derer, die eben so untauglich werden könnten, öffentlich, unter gräßlicher Feierlichkeit abzuschneiden.

Sie fahren S. IX fort: Freilich hätte Szekeli, bei dem Gefühle seines Unvermögens nie ein Rechnungsgeschäft übernehmen sollen, aber wenn jeder das Amt dem er nicht gewachsen ist niederlegen sollte, wie öde, wie ausgefegt würden sich die Kanzleien unsern Augen darstellen! ! ! und wie leer wären ihre Bogen geblieben! ! ! Doch Rabener giebt derlei Menschen Muth, wenn er ihnen zulispelt: wem Gott ein Amt giebt dem giebt er auch Verstand dazu. — Und wer einen gesunden Daumen, Zeig- und Mittelfinger, Tinte, Feder, und Papier hat, schreibe noch so tolles Zeug, er findt immer einen Verleger, und Käufer die Hüll und die Fülle dafür. Obwohlen Szekeli nie so gedacht haben würde, wenn er

das

das traurige Ende davon vorgesehen hätte. Das ist auf allen zwei und zwanzig Seiten das einzige was ich selber glaube. Seite X sagen Sie: Endlich muß auch Szekeli immer als ein ehrlicher Beamter, dem man nie einen Kasseangriff zutrauen konnte, bekannt gewesen seyn, da selbst ein bei der Untersuchung vorgekommenes Allerhöchstes Handschreiben der weiland Kaiserinn Maria Theresia besteht, wo Sie in Szekeli als einen bekannten treuen Diener so viel Vertrauen zu setzen sagt, daß es platterdings bei der Gardekasse keiner Gegenspeer (Gegensperre) benöthiget. Und das beweist weiter nichts, als daß der Monarchinn äußerst gutes Herz abermals hintergangen wurde. Und wer — es sey der größte Menschenkenner, kann nicht von einem Menschen betrogen werden, dem die Natur die größte Ehrlichkeit so leserlich in's Gesicht geschrieben hat? Lavatristen entziffert mir das? Ich bin also nicht undankbar gegen die große Selige *) der auch

ich

*) Seite X und XI. Dieses kann, dieses muß dem Szekeli zum Behuf gereichen; man müßte nur zu den übrigen Undankbarkeiten auch jene hinzuthun, daß man die unvergeßliche Monarchinn einer unvernünftigen Leichtglaubigkeit, und eines blinden Zutrauens in diesem Falle beschuldigen wollte; obwohlen Sie bey all diesen angedichteten Gebrechen doch nicht so viel Schurken in ihrer Regierung aufweisen kann, als unser Monarch durch all seine Strenge

nicht

ich so vieles zu danken habe, bei deren Sarg auch meine Wangen, eine männliche, nicht eine empfindsame, lumpige Thräne, herunterrollte, (ich mich umkehrte, und sagte: Gott hab' sie selig! und gieng, weil ich's nimmer aushalten konnte;) bei deren Andenken mir noch die Augen naß werden; bin also nicht undankbar, wenn ich ihr so viel gutes Herz zutraue, daß sie sich von einem Manne hintergehen ließ, den auch ich persönlich kenne, und für den ich, so gut wie jeder andre das Herz

nicht abschrecken konnte. Ein Beweis, daß der Fürst durch Liebe die Unterthanen immer mehr im Zaum halten könne, als durch Tirannei.

Um wieder zurückzukommen: obwohlen dieses Handbillet der Kaiserinn eigentlich ein Bürge für Szekelis Treue ist, so kann es doch kein Deckmantel seyn, worunter Fürst Esterhazi seine Nachläßigkeit verbergen will. Esterhazi ist hiedurch gar nicht entschuldigt, daß er als Gardekapitain, dem diese Charge zur genauen Obsorge auf alles, was das Gardekorps betrifft, übertragen wurde, niemals von Szekeli die Rechnungen abforderte, oder eine mehrmalige Kassedurchsuchung, (Revision) veranlaßte. — Keineswegs fällt auch die Schuld von der hungarisch-siebenburgischen Hofkanzlei hinweg, die als obere Stelle nach der bestehenden Vorschrift hierauf ein wachsames Auge hätte haben sollen; aber wer verdenkt es auch dieser Hofstelle, bey der Unordnung, und Unrichtigkeit nach bekannten, — überzeugenden Beispielen, allenthalben eingerissen hat? bei der Buchhalterei bloß den Namen nach besteht? — wo man von richtiger Kombinirung des Empfangs und der Ausgabe eben so richtige

Herz aus dem Leibe gegeben hätte. Eben dieser Gütigkeit wegen, und in Hofnung daß die Menschen durch diese Güte gerührt werden würden, wurden mehr Verbrechen als menschliche Gebrechen angesehen, bemäntelt, oftmals gänzlich unterdrückt, und drum glaubt man unter ihrer Regierung weniger Schurken zählen zu können, ohne doch zu bedenken, daß die meisten dermalen bestraften Verbrechen, unter ihrer Regierung begannen, oder doch der Grund dazu unter ihrer Regierung (Gott bewahre durch Sie!) sondern durch üble An-

wen-

tige Begriffe, als Brambilla von der Medizin hat? — Doch ich schweife aus; ich wollte nur sagen: wenn man Nachläßigkeit an einem bestraft, so muß man sie auch an dem andern bestrafen; und gleichwie Szekeli durch seine wenige Bekümmerniß um das Kasse- und Rechnungswesen dem Rechnungsführer den Weg zur Veruntreuung öffnete; eben so kann Szekeli zu seiner nachsichtsvollen Unbesorglichkeit nur durch die wenige Darobhaltung des Gardekapitains, und der hungarischen Hofkanzlei auf Ordnung und Richtigkeit, verleitet worden seyn.

Bei diesen Umständen, wo Szekeli von seinem Verbrechen, der Kasseveruntreuung nämlich, weder überwiesen ist, noch auch solches einbekennt hat, und wo es wahrscheinlich ist, daß Laktuer vielmehr ein Spizbube war, und man den Szekeli mit einer Nachläßigkeit deren Bestrafung er der Nachläßigkeit seiner Vorgesezten, die man nicht bestraft, zu verdanken hat, beschuldigen kann; wär es wirklich Strafe genug gewesen, ihn auf eine achtjährige Festungsgefangenschaft zu verdammen.

wendung, vorläufige Ausschweifungen, denn wie lange brauchts nicht bis ein Mensch völlig lasterhaft wird? in den Herzen der Individuen selber gelegt worden sey. Itzt brachen einige aus, itzt wurden einige, ich muß es gestehen durch den strengern Blick JOSEPHS entdeckt, und bestraft wie sie's verdienten, wie es zum Besten des Ganzen unumgänglich nothwendig war; um so mehr da er durch das Beyspiel seiner Mutter gelehrt ward, daß auch himmlische Güte dem immer mehr um sich greifenden Laster keinen Einhalt zu thun im Stande sey.

Hier muß ich noch einschalten was ich theils zur Beantwortung des dem Szekeli zu statten kommenden Bekenntnisses, daß er unfähig ein Rechnungsgeschäft zu führen wäre, theils zur mehreren Bestättigung meines Satzes, daß das Handbillet der Seligen Kaiserinn wenig oder nichts für seine Unschuld beweise, noch vergessen habe.

In Betref des erstern frägt sich's abermal wann Szekeli diese Erinnerung dieses Bekenntniß, und aus welchem Grunde gemacht habe? die Bestimmung der Zeit würde den zweyten Theil meiner Frage beantworten; denn geschah es schon vor lange, so konnt es in einer Zeit geschehen seyn, da Szekeli noch keinen Eingrif in die Kaße gethan hat, geschah

41 ezlich so weckt es die Vermuthung es sey
luger Vorsicht geschehen; auf alle Fälle
ßt also dieses Bekenntniß nicht viel. Zur
da die Selige Kaiserinn das angeführte
)billet schrieb konnte ja Szekeli auch wirk-
noch keinen Eingrif gethan haben; wer
ßt aber daraus daß er keinen zu thun im
nde gewesen wäre? Wo ist der Mensch
in der nöthigen Lage nicht fast zu allen
brechen gebracht werden könnte? zumal
Mann wie Szekeli, den doch seine eifrig-
i Vertheidiger nicht von dem Vorwurfe der
ßten Nachläßigkeit, und folglich des unbe-
ränktesten Leichtsinnes losreden können. Ich
ll sezen er war Anfangs so ehrlich als ei-
r, er war in seinem Geschäfte so unwis-
nd als einer, — da er aber doch die Ver-
irrung bemerkte, das Herz dieselbe anzuden-
n nicht hatte, durch Chemie den Schaden
ut zu machen hofte, seine Versuche immer
nglücklich abliefen, sein kleines Vermögen
ufgebraucht war, seine Besoldung nicht hin-
eichte die Sache weiter zu treiben, und er
ich doch davon alles versprach, was konnt
er anders thun als bei der Kaße die unter
seiner Aufsicht, und ohne Gegensperre war
Hilfe suchen, der erste Schritt aber gethan,
und fruchtlos gethan, zog den zweiten, und
alle übrigen nach sich. So erklär ich mir
Szekelis Verbrechen aus Leichtsinn, Leiden-

 schaft

schaft für sein Steckenpferd, den traurigen aber nothwendigen Folgen eines einzigen Versehens, und begreife gar leicht seine vorläufige Ehrlichkeit, deren Grund mehr in seinem weichen Herzen, als in festen Grundsätzen, und wie die Folge wies, hauptsächlich auch darinne bestand, daß er noch nie auf die Kapelle gebracht ward, sonst hätt er gewiß diese Feuerprobe ausgehalten. Und wenn man ihm auch nichts anders als seine supine Nachläßigkeit zur Last legen könnte, fiel dadurch schon der große Begrif von seiner Ehrlichkeit über'n Haufen; denn ehrlich seyn heißt nicht nur niemanden was stehlen, sondern auch keinem Menschen durch Unterlassung dessen was man thun sollte einen Schaden zufügen. Was Sie von Fürst Esterhazi und der vorgesetzten Hofstelle sagen, ist, wie Sie selber erinnern eine Ausschweifung; und ich würde ihre ganze Stelle in diesem Betreffe weggelassen haben, wenn ich nicht im Eingange versprochen hätte das feine Produkt sogar mit allen seinen Beistrichen einzuschalten.

Ich komme daher, fahren sie S. XIII. fort jetzt, nachdem ich das, was man zum Behufe des Szekeli über das an ihm bestrafte Verbrechen sagen konnte, gesagt habe, auf seine erlittene Strafe selbst. S. XIV. vormals, und auch jetzt, bei allen gesitteten Völkern pflegten die Fürsten, die von den Gerichtsstellen

stellen über Verbrecher gefällte Urtheile in Gnaden zu mildern; — bei uns ist es nunmehr zur Mode geworden, solche zu — verschärfen. Pfui daß Sie uns den alten, einfältigen Spas schon wieder auftischen. Und wer hat ihnen denn gesagt daß die Fürsten immer recht thaten wenn sie milderten? daß sie es immer thaten, daß sie es auch dann thaten, wenn das allgemeine Beste das Gegentheil foderte? Wenn bei einer Todesstrafe, oder der ihr ähnlichen Entehrung und Freiheitsverlust, die Beßerung des Verbrechers, und nicht hauptsächlich und einzig das Beispiel Platz grif (doch dieß kann beider vorerwehnter Strafen Endzweck, besonders bei einem etlich und siebenzig jährigen Manne, der eines Verbrechens gegen den Staat sich schuldig machte, nimmermehr seyn) dann könnte der Fürst eher noch mildern. Uiberhaupt glaub ich daß, so wenig Staat und Fürst aus Rache strafen dürfen, so wenig der Fürst nach Willkühr zu verschärfen, oder zu lindern berechtigt sey, und letzteres weniger als das erstere. Dieser Satz scheint ihnen ungezweifelt falsch und deßwegen will ich ihn gegen Sie vertheidigen. Durch ein öffentliches Verbrechen wird der Staat beleidigt nicht persönlich der Fürst. Die Sicherheit des Staates, selten des Fürsten wird durch Raub, Mord, Defraudation, und dergleichen in Gefahr gesetzt. Diese zu erhalten

muß,

muß, nebst andern Mitteln, eine hinlängliche Strafe als abschreckender Beweggrund festgesezt, und über die Verbrecher verfügt werden; und diese muß um so größer seyn, je mehr die Individuen des Staates durch Situazion, einladende Beyspiele, Leichtigkeit diese Verbrechen zu begehen, und der Ahndung zu entwischen, dazu angeeifert werden. In diesen Verhältnißen muß die Strafe stehen, wenn sie anders die gehörige Wirkung hervorbringen soll; sobald aber der Fürst die Strafe durch Milderung aus denselben sezt, verhindert er, wo nicht ganz, doch zum Theile die Wirkung derselben, und begeht dadurch einen Fehler an dem Staate, zu dessen Sicherheitserhaltung er sich verbindlich gemacht hat; und eigentlich da ist. Durch Verschärfung eines Urtheils hingegen wird die Strafe aus vorerwehnten Verhältnißen nicht gesezt, der Staat leidet also eigentlich nichts darunter, nur der einzelne Bestrafte, durch dessen erlittnes Unrecht zwar auch mittelbar der Staat beleidigt wird, aber das Beste von Millionen wird doch dem Besten eines einzelnen vorzuziehen seyn; Also glaub ich auch daß ein Fürst eher Strafen verschärfen, als vermindern könne. Doch sollte keines von beyden ohne hinlängliche Ursache geschehen. Wenn Sie mir auf dieses mit einigen Publizisten antworten, das Begnadigungsrecht stüze sich darauf daß

der

der Fürst Gründe hinzuthun könne, die die Linderung rechtfertigen, so darf ich kühn eben den Grund für die Verschärfung, und um so mehr annehmen, da ihm im ersten Falle Menschlichkeit, im zweiten Nothwendigkeit, und die Wohlfahrt des Ganzen ihm dieses Recht gestattet. Woher es doch kommen mag daß fast jedermann, Philosophen selber nicht ausgenommen, beinah immer mehr Mitleid mit dem Mörder auf dem Schaffote als mit den unmenschlich unschuldig Ermordeten haben? — ich denke weil der Anblick des Leidenden, besonders wenn er eine vortheilhafte Gesichtsbildung hat, uns sein Verbrechen, und die Schmerzen der martervoll durch ihn Ermordeten vergessen macht. Ein Beweis bin ich mir selber, ich habe nie noch einer Execution, nicht einmal dem Bühnenstehen beygewohnt, und fand daher noch wenige Urtheile zu strenge. Je empfindsamere Nerven ein Zuschauer vor dem andern hat, desto mehr setzt er sich in des Delinquenten traurige Lage, und wenn denn so ein Herrchen Schreibselig- und Fertigkeit besizt, eilt er an den Pult, und vertheidigt die Sache des Verbrechers wie seine eigne. Hier fällt mir gerad eine lustige Stelle einer ähnlichen Brochüre (als ich zu widerlegen für nichts und wieder nichts mich bemühe) aus der Wienerfabricke müßiger Skribler bei. Zur Vertheidigung des P*** sagt der Verfasser:

ser: der Schaden welchen P*** verursacht hätte, wäre das Ganze, nicht den Kaiser angegangen, und er sey überzeugt daß jeder einzelne, wenn ihm die verfügte Strafe nachgesehen worden wäre, gerne den etwa ausfallenden Schaden von einigen Kreutzern getragen haben würde; und bedenkt nicht daß jeder einzelne, wenn P*** zu ihm gekommen wäre ihm gesagt hätte, das bin ich gesonnen zu thun wo ihr mir nicht einige Dreier gebt, ihn, samt der Zugabe von ein paar Maulschellen zur Stube nausgeworfen, zum wenigsten als einen Narren derb ausgelacht haben würde; nicht zu bedenken daß durch die Nichtbestrafung, oder durch die zu gelinde Bestrafung des P*** hundert andre zu ähnlichen Unternehmen angefeiert worden wären. Man verzeihe mir diese Ausschweifung, ich that sie nur zum Troste meines Autors, damit er wisse daß nicht er allein ein trostloser Autor sey, und zur Belehrung meiner Leser was sie sich in derlei Materien aus der Wienerbrochürenfabricke gründliches zu versprechen haben. Doch weiter im Texte. S. XIV. fahren Sie fort **vielleicht, um des entzückenden Vergnügens im vollen Maße zu genießen, daß man Beweise seines unumschränkten Despotismus ablegen könne.** Wenn Sie das, wie alle folgenden Kalumnien, und hirnlose Beleidigungen *) einem, versteht sich redlich, und edel-

*) Armer! bedauernswürdiger Szekeli, daß es

edeldenkenden, Preußen selber gesagt hätten, bei Gott! er hätte Sie hinter die Ohren geschlagen; überzeugt daß nur ein Bube von was immer für einem gekrönten Haupte so aller Achtung los, die man ihm auch nur als Mensch schuldig wäre, sprechen könne, ohne jedoch das geringste von allem dem, wessen man ihn mit der giftigsten Zunge beschuldigt, darzuthun; um so mehr von einem Monarchen, dessen tausend weise Einrichtungen, und gute, daraus entstandne, Folgen von seinem,

ich

in der Kugel deines traurigen Schicksals aufgezeichnet seyn mußte, daß die Untersuchung deines Verbrechens einem wetterwendischen Monarchen, eben in dem Augenblicke vorgelegt wurde; wo ihn vielleicht eine Fliege an der Nase neckte, und er im Zorne hierüber dein schändliches Urtheil fällte. — Unglücklicher Mann! du Opfer der Laune des Monarchen! du grausames Opfer eines unmenschlichen, tirannischen Herzens! Sagt Männer von Gefühl, sagt Männer der Gerechtigkeit! welcher Monarch kann Urtheile verstrengen? — — — ein Tirann! welcher Monarch kann die Rechte der Menschheit mit Füßen treten? — — ein Tirann! welcher Monarch kann Gesetze und Gerechtigkeit verlachen? — — ein Tirann!!! welcher Monarch kann in Criminalsachen nach eigner Willkühr handeln? — ein Tirann!!! — — Gott! Gott! was bist du armer Mensch! schwaches Geschöpf, das dieser launigte Kopf unverschuldet im Staube tritt, daß du dich krümmest, und unter siebentausend Schmerzen von einer siebentausendköpfigen Hidra erwürgt wirst? — Schreckliches, die Menschheit entehrendes Bild! und doch wahr, aus Erfahrung wahr.

ich will nur sagen nicht gewöhnlichem Verstande sowohl, als dessen menschenfreundlichem Herzen, wo Menschenliebe nicht Schwachheit ist, nicht dem Ganzen schadet, zur Genüge beweisen. Seite XV. fragen Sie: Welcher Monarch kann Urtheile verstrengen? — ein Tirann! Sie hätten sagen sollen ohne Ursache verstrengen, dann wäre die Frage nicht schon juridisch und philosophisch falsch gewesen, denn was Sie auf der andern Seite von der Infallibilität der Kriminalrichter, und Gerichte merken zu lassen belieben, ist gegen alle neuere rechtliche, vernünftige, kaunische ꝛc. ꝛc. Begriffe, die selber dem Pabste keine Unfehlbarkeit mehr gestatten. Ferners kann ihre schöne Exklamazion nicht auf tausend Meilen auf gegenwärtigen Fall angewandt werden; wovon, wenn Sie nicht an Herz und Ohren unbeschnitten sind, ich Sie satsam zu überführen hoffe. Alle ihre übrige theatralische Anrufungen, die sich auf die Bierbank der liederlichsten besoffnen Kutscher, Schlosserjungen, und übrigen elenden Gezüchts, schicken, sind daher weder wizig, weder, hoff ich, werden sie auf einen, nur halbwegs gutdenkenden Menschen, Eindruck gemacht haben, drum übergeh ich sie mit Stillschweigen.

Zu Ende der S. XV, und auf der XVI, fahren Sie fort: Laßt mich nun wieder zurück kommen, laßt mich sagen, was das

heißt,

heißt, die Urtheile, welche die Untersuchungskommission spricht, zu verschärfen. Entweder heißt es: ihr Richter, die ich aufgestellt habe, nach dem Gesetz, und der Gerechtigkeit zu richten, ihr seyd Spitzbuben, ihr habt euch von eurer Pflicht entfernt, habt partheiisch gesprochen, habt mich zu hintergehen, zu belügen gesucht; = und dann kann freilich der Monarch nicht länger zusehen, er muß die ungerechten Richter abdanken; thut er dieses nicht, so ist es ein stilles Bekänntniß, daß sie ihrer Pflicht getreu, nach den Gesetzen und der Gerechtigkeit gesprochen haben; aber auch ein schmetternder Donner: (Ei wie schön!) ich will euer Urtheil aus Willkühr nicht begnehmigen, ich will als Herr, der Macht über Leben und Tod hat, diesen euern Sentenz verschärfen. Himmel! was für eine Sprache in dem Munde eines Monarchen, den du uns zum Beschützer, nicht zum Tirannen gabst! Vor der Hand will ich erinnern, daß hier von einem besondern Falle, und nicht im Allgemeinen die Rede ist; wenn wir also die Sache untersuchen wollen, so müssen wir auch den besondern Fall gehörig zergliedern.

Der zu Verurtheilende war ein Edelmann, ein Offizier, sonst ein guter Mann, der viel hundert Menschen Wohlthaten erwiesen hatte, stand im allgemeinen Rufe der Ehrlichkeit,

war

war ein Mann von etlich und siebenzig Jahren, mit grauem Kopfe, und einem Aussehen das, wie ich schon einmal erinnerte, jeden an ihn riß. Dazu war er des Verbrechens nicht überführt, die richtenden Menschen, und wie selten hört der Richter auf Mensch zu seyn, konnten also, obschon sie nach Recht und Nothwendigkeit ihn so lange für schuldig halten sollten, bis er sie des Gegentheils überzeugt hätte, aus vorher angeführten Rücksichten ihm nicht schlechterdings einen so niederträchtigen Streich zumuthen. Der Mann war aus einem Mittel, aus dem auch vielleicht einige seiner Richter waren, wer behält bei alle diesen Umständen nöthige Kälte genug, um einen ehrwürdig aussehenden Greisen, seinen Bruder, nach dem strengen Gesäze zu verurtheilen? — — und waren etwa acht Jahre Festungsstrafe, für einen etlich und siebenzigjährigen Mann so viel als lebenslänglich, nicht alles was sich die bewegten Richter abgewinnen konnten? Außerordentliche Tugend, Größe der Seele hätte dazu gehört, Angesichts des Mitleidswerthen das Ganze, nicht den Einzelnen zu betrachten, und ihn zum abschreckenden Beispiele zur Schandbühne zu verurtheilen. Wie viele Menschen aber besitzen die Kraft der Gerechtigkeit wegen ihr Gefühl zu verläugnen? — JOSEPH besaß diese Tugend, JOSEPH dem keiner ein sehr

theil=

theilnehmendes Herz absprechen wird, der die vielen Thränen, die er der Menschheit schon fallen ließ, zu zählen die Mühe sich nehmen will. Aus eben dem Grunde ehrte er die menschlichen Richter, die dasmal nur, des sonderbaren Falles wegen, nicht einzig und allein das Ganze zum Leitfaden ihres Urtheils machten, aber seine Gerechtigkeit verdammte den Bedauernswürdigen zur Schandbühne. Soll denn ferner dem Herrn Verfaßer die ziemlich allgemeine Sage unbekannt geblieben seyn, die den Monarchen bei der Nachricht von Szekeli's Verbrechen unmuthig ausrufen ließ: So will man mich denn schlechterdings zum Tirannen machen? — oder ist diese Sage nicht wahrscheinlich, häuft man nicht in Wien Verbrechen auf Verbrechen? geht nicht da ein Agent, dort ein Kaßier zum Teufel? geschehen nicht Mordthaten auf Mordthaten? Ich war selber viele Jahre hintereinander in Wien, aber nie erlebt ich so vielen Greul, als ich jezt wöchentlich in Zeitungen lese. Das ist kein Widerspruch den ich mir selber mache, deßwegen giebts unter des Monarchen Regierung nicht mehr Spizbuben als es sonst gab. Die meisten, bemerkt ich schon oben, bereiteten Jahre her den ganzen Schifsbruch ihrer Oekonomie, den Verderb ihrer Sitten, folglich auch ihre Verbrechen, und die wohlverdiente Züchtigung. Endlich behaupt ich die

Com-

Commission habe von Seite des Leidenden eben so viel über ihn verhängt als der Monarch, nur daß dieser sie von Seite des Beispiels zureichender verhieng. Scheint ihnen meine Behauptung falsch, so hören Sie meine Beweise. Freiheit! was geht dem Menschen über diese? Die Gesätze selber schätzen zehn Jahre Festungsstrafe dem Tode gleich; acht Jahre mußten also dem alten Szekeli um so mehr Todesstrafe seyn. Der Monarch vermindert um vier Jahre diesen Freiheitsverlust, läßt daher dem Verurtheilten einige Hofnung schimmern, einmal wieder in seinem Leben zum Genuße des höchsten Gutes nach dem Leben zu gelangen, (denn ich meines Orts halte den Verlust der Ehre für minder schmerzlich als den der Freiheit, weil man durch nachfolgende gute Handlungen manchmal seine begangenen Verbrechen auslöschen kann, und der Hause ohnehin nach und nach die schrecklichsten Begebenheiten, um so mehr Vergehen eines Menschen vergißt) setzt aber dafür, des seltnen Falles wegen, durch drei Tage ein zweistündiges, eben so seltnes Bühnenstehen; zwar dieses ist schmerzlich, aber war es dem alten Szekeli so schmerzlich daß er darüber das Leben verlohr? — oder wär er ohne dieser Strafe in den Augen der Vernünftigen weniger geschändet gewesen? — Ein Abgang von 97000 fl. kann kein Versehen seyn, und

und wenn es auch absolut möglich wäre, so ist es doch nicht wahrscheinlich, oder der Mann mußte gar keinen Kopf gar keinen Begrif von seiner Pflicht gehabt haben, und dafür ist Szekeli doch nie bekannt gewesen. Zudem war er noch Maurer, ein neuer Grund seine Pflichten genauer zu erfüllen als jeder andre hatte; wozu er, wie alle übrige, in manchen Zusammenkünsten ernstlich wird ermahnt worden seyn. Untersuchen wir ferner woher eine solche Nachläßigkeit kommen kann? aus nichts anderm als einem völligen Vergessen seiner Pflichten als Mensch, das ist was er sich, und seiner Familie schuldig war, denn wie konnt er nur jemals glauben, daß er der scharfen Ahndung entgehen würde; seiner Pflichten als Beamter, und einem unbeschreiblichen Leichtsinne, der Quelle dieses Vergessens. Ich folgerte daraus oben schon und folgere noch einmal, — konnt er diese Pflichten vergessen wie weit hatt' er noch hin zu einem Eingrif in die Kaße, da seine ökonomischen Umstände durch immerwährend verunglückte Versuche Gold, oder weis Gott was für schöne Dinge zu machen äußerst unordentlich waren. Sie sehen ich untersuche philosophisch und, weiche dem trocknen Gesetze so gut als Sie aus, glaub aber daß gerade philosophische Gründe diese Gesetze veranlaßt haben, und daher sind Sie mir nicht mehr so trocken

als

als ihnen. Der Kaiser wollte Szekeli wirklich eine Gnade erzeigen, da er ihm vier Jahre von der Festung nachließ, weil er ihm diese erzeigen konnte, aber auf die Bühne mußt er, denn des liederlichen Volkes giebts in Wien, und in allen Erblanden, so wie in allen großen Städten, und Königreichen gar zu viel. Und wenn es wahr ist daß die Wiener den alten Unglücklichen mit freudiger Neugierde sahen, so hat JOSEPH für das allgemeine Beste, wo nicht zu wenig, doch nicht zu viel gethan. Hätte man ihn unter diesen Umständen gerade nach Szegedin geführt, übermorgen hätte keine Zunge mehr davon gesprochen. Ihr Späßchen lieber Herr Lustigmacher! S. XVII. *) Daß der Kaiser ihm, von dem ihm zuerkannten, achtjährigen Arrest vier Jahre wegen seines Alters nachsieht, um den schwachen unter dem Dienst ergrauten Greisen durch das schändliche Bühnenstehen desto mehr zu beugen (so boshaft als alles übrige) ist wahrlich keine Gnade; denn es ist eben so viel, als: weil du

*) Also ungerecht, und noch einmal ungerecht, daß Szekeli's Strafe so sehr verstrengt wurde; so sehr sag ich, denn zwo Stunden auf der Bühne stehen, ist eben so ungewöhnlich als unerhört. Eben so ungewöhnlich war aber auch der Fall, weil es der Verbrecher, und mehr andre Umstände sind, die ich nicht anzuführen brauche, da ich's theils schon that, theils dieselben jedem sichtbar vor Augen liegen.

du sehr schwache Füsse hast, und folglich die Leiter sehr hart hinanklettern kannst, so will ich dich statt henken von unten auf rädern, (statt unter, dem Dienst, hätten sie setzen sollen schlechten Dienst, und statt henken hätten sie sagen müßen langsam braten, von unten auf rädern, dann wär es ein passendes Gleichniß gewesen, das soll ihnen bald deutlicher werden.) Ihr Späßchen also ist ein Späßchen ihrer Art; um so mehr da Szekeli noch lebt, folglich dieser Gnade noch theilhaftig werden kann. Ich wollt ihnen auch ihren Spaß noch eher verzeihen, wenn sie das vor der Execution geschrieben hätten, und der festen Meinung gewesen wären, der arme Alte würde seine Schande nicht überleben. Aber Freund! die Zeiten sind vorbei, wo man gähen Tods über eine Beschimpfung starb, freilich traurig, daß sie vorbei sind. Doch lassen sie mich die Natur der größern Strafen, und ihre Wirkungen auf den Bestraften ein wenig untersuchen, damit es klärer werde, der Kaiser habe Szekeli eine Gnade erwiesen. Die Größe einer Strafe muß man nicht nach den augenblicklichen Schmerzen, den Thränen, und dem Geschrei des Leidenden allein, sondern auch, und zwar hauptsächlich, nach der Dauer, und den Wirkungen die sie im Bestraften hervorbringt, abmessen. Selbst die Gradazion der Todesstrafen beweist meinen Satz, denn Kopf-

 ab-

abschlagen ist das geringste, weil die ganze Operazion in einer Sekunde vorbei ist; dann tritt das Hängen ein, welches wenigstens sechs Minuten dauert. Das Rädern mit dem Gnadenstoße ist zwar vielleicht schmerzlicher als vorhergehendes, vielleicht auch nicht, und ist sehr schnell vorbei, aber die längere, schrecklichere Zubereitung, setzt diese Todesart in die dritte Klasse. Dann folgt das Rädern von unten auf, wo zwar der geringere Schmerz vervier- oder verachtfacht wird; dann das Rädern und lebendig auf's Rad geflochten werden, wo der Missethäter so wie am Spieße nach und nach verschmachtet. Doch mir schaudert in dieser Materie fortzufahren; und ich will nur noch sagen, daß die schrecklichste Todesart diese wäre, wenn man den Verbrecher nach und nach, dauert es auch ein Jahr, mit hundert und tausend Nadel- und Messerstichen zur Verzweiflung, und endlich zum Sterben brächte, und das beweist meinen Satz, daß ein kleineres Uebel in die Länge gezogen empfindlicher als die größten augenblicklichen Schmerzen sey. Von diesem aber auf Festungsstrafe und Schandbühne zu kommen, so frag ich, wie lange dauert der heftige Schmerz über verlohrne Ehre? gewiß nicht länger als der über verlohrne Freiheit; und ist auch nicht heftiger, denn es gab sicher mehrere, die sich aus dem Thurmfenster, in dem sie eingeschlossen waren,

herun-

herunter stürzten, oder die Köpfe an den Wänden, wie eine eingesperrte Katze an den Fensterstäben zerschellten, oder wie sich der Skorpion, um den man einen Kreis von Kohlen macht, seinen eigenen Stachel in's Genick stößt, sich ein Brodmesser, einen Nagel in's Herz stießen, als es Menschen gab, die, ehe sie auf die Schandbühne getreten wären, sich über die Brücke gestürzt hätten, über welche man sie nach selber führte. Freiheit ist ein Trieb der Natur, die schwarzen Sklaven verschlingen ihre eignen Zungen um zu ersticken, und frei zu seyn. Ehre ist ein Begriff, den uns Vernunft gegeben, und ich will doch lieber von Thüre zu Thüre betteln gehn, mich mit Füssen stossen, von Hunden aushetzen lassen, als vor Hunger und Durst verschmachten müßen, versteht sich, wenn mir kein Mittel übrig bliebe auf eine andere Art meinem Elende ein Ende zu machen. Auch in dem Falle verstummte der Ruf der Ehre vor dem Rufe des Instinktes, wenn anders Ehre die gute Meinung meiner Mitmenschen von mir noch genannt werden darf. Ich glaube daher Freiheit geht als ein Naturtrieb der Ehre vor. Und wenn das ist, wie es denn ist, so schließ ich abermals daraus, der Kaiser erwies Szekeli eine Gnade, da er ihm bei vierjähriger Festungsstrafe noch einige Hoffnung übrig ließ, einsmals wieder frei zu seyn, wornach der kleinste Wurm zu streben

 uns

uns durch sein Winden zeigt, wenn wir ihn in seinem Gange hindern. Der öffentliche Verlust der Ehre also, war Szekeli zwar in den Tagen seines Bühnenstehens, schrecklich, und noch wird ihm der Gedanke nur daran unausstehlich seyn; aber das Bewußtseyn bis an den Austritt aus der Welt der so sehr gewünschten Freiheit entbehren zu müßen; würde Szekeli mehr gemartert haben, um somehr, da sein Gram ihn langsam nur aufgezehrt hätte. Ich erinnerte aber schon vorhin, Szekeli habe sich durch einen Kasseabgang von 97000 fl. bei aller Welt eines Eingriffs verdächtig gemacht. Der Begriff von seiner Rechtschaffenheit war ohnehin so groß nicht mehr, daß der Verlust des kleinen Theils der übrigen Achtung seiner Mitbürger durch die infamia juris dem Verluste aller fernern Freiheit gleich gehalten werden könnte, achtjährige Festungsstrafe war also für den Leidenden mehr als Schandbühne, Schandbühne dem Endzwecke einer öffentlichen Strafe angemessener, vier Jahre Nachlaß des Freiheitsverlustes, Gnade. Ferner sagen sie S. XVII. Aber ich glaube Szekeli würde nie zur Schandbühne verdammt worden seyn, wenn er nicht Maurer, oder Rosenkreutzer gewesen wäre. Ich aber glaube das nicht. Des Kaisers Betragen gegen die Maurer ist nicht nur allein billig, sondern auch edel. Er

schätzt

schätzt und liebt viele derselben, die er als solche kennt, persönlich, und seine in diesem Betreffe gemacht Verfügungen sind nicht nur rechtlich, sondern weise. Er muß einst dem höchsten Baumeister, und täglich sich selbsten Rechenschaft geben von dem was in allen seinen weiten Reichen geschieht, er muß also auch wissen, was die Herren thun, und wer die Herren sind; denn seit es Menschen giebt, haben Menschen alles, sogar das Heiligste, die Religion mißbraucht, wer bürgt uns dafür, daß nicht auch Maurer ausarten, und ihr höchst ehrwürdiges Institut mißbrauchen? Denn man will sagen, fahren sie fort, der Monarch habe ganz deutlich zu erkennen gegeben, er wolle denen Berln (Maurern) zeigen, daß ihre Protektion nichts helfe. Ei was sie nicht alles merken! ich glaube sie wissen was JOSEPH denkt, oder wohl gar was er nicht denkt.

Was S. XVIII darauf folgt, *) ist wieder ein Späßchen. Doch glaub ich, daß Schick=

*) Und nun beantworte mir jemand die Frage: ob es nicht billig seye, daß der Monarch den Haß, den er wider eine ganze Gesellschaft gefaßt hat, an einem Mitgliede derselben durch die Macht des Stärkern bezeige? — Ist er nicht sehr poßirlich, wenn der Bauer in der Finstere zu seinem Nachbar geht, und ihm unerkannt einen Knips versezt, und dann fortlauft, und in seine Faust lacht; daß er demselben solch einen Streich gespielt habe? — O Gerechtigkeit! Gerechtigkeit! spielst du denn unter uns blinde Maus? —

Schicksal hat den Herrn Autor dazu bestimmt ewig blinde Kuh zu spielen, und so lang er lebt und schreibt, und das wird er, so lang er athmet, keinen witzigen, geschweige vernünftigen Einfall zu ertappen. (* Ich muß wirklich lachen, da ich auf eben der Seite lese, daß ein Mensch, der aber auch nicht einen gesunden philosophischen oder juridischen Begriff hat, den Kaiser der Unbesonnenheit zu zeihen die Frechheit besitzt. — Wahrlich, ich kann nichts anders als lachen. Aber verfolgen Sie S. XIX daß er er auf eine neuerliche Vorstellung darauf beharrt, zeigt erstens ein hartes Herz, und zweitens ungegründetes Raisonnement. Hier schalten Sie abermals drei Viertheile der zwoten kaiserlichen Resoluzion ein, in welcher gesagt wird, es stehe nach so wichtigem Abgange nimmer dem Richter zu eine Entfremdung zu beweisen, und geben folgendes Gleichniß: Ich setze nun den Fall von zweien Kassebeamten, deren jeder die Gegenspeer von der Kasse hat, ist einer ein Spitzbube; sucht die Schlüsseln des andern auf einen Augenblick zu Handen zu bekommen, drucket sie in Wachs, und läßt sich dann

(* Daß der Kaiser über den ersten Vortrag des Hofkriegsraths diese strenge Strafe über den Sezckeli verhängte, wäre noch zu entschuldigen, man könnte sie aus dem Gesichtspunkte einer Unbesonnenheit, einer Uebereilung betrachten.

dann darnach die Schlüsseln von dem Schlosser (vom Schreiner gewiß nicht) verfertigen. Bei Gelegenheit öffnet er, da er nun beede Gegenspeer-Schlüsseln, seine und die des andern nachgemachter, in Handen hat, die Truchen, nimmt Geld heraus, und verschließt sie wieder. Bei der monatlichen Kasserevision zeiget sich der Abgang, und beede Kassebeamten müssen nun dafür haften; jeder soll die Hälfte davon zahlen und dem Spitzbuben bleibt folglich noch eine Hälfte von dem Entfremdeten zu Gute. Der andere ehrliche Beamte kommt hiedurch wider sein Verschulden in Ungelegenheiten; der Kasseabgang ist erwiesen; er kann es nicht beweisen, daß er das Geld nicht entfremdet hat; und doch hat er es nicht entwendet, und ist folglich kein Dieb. Wie besteht also die Richtigkeit der kaiserlichen Resolution? und ist es nicht klar, nicht nach den Gesetzen, daß der Richter den Dolum des Verbrechens beweisen müße, weil der Verbrecher das Gegentheil niemals anders, als durch ein plattes Nein zu beweisen im Stande ist. Gleichniß um Gleichniß. Sie treten in einem Gasthofe ab, zeigen dem Wirthe das Geld, welches sie im Zimmer haben, schließen das Zimmer, geben ihm den Schlüssel dazu in Verwahrung, das Geld wird gestohlen, ohne daß Stube und Kasten

er-

erbrochen werden, werden sie fragen ob er der Dieb sey oder nicht, werden sie oder der Richter ihm's beweisen müßen, daß er's ist? — nein, ohne Umstände werden sie ihr Geld fordern, und der Wirth muß es ihnen ohne weiters ersetzen. Mehr noch, sie sollen den Schlüssel zu ihrem Zimmer, oder selbst zu des Wirths Verwahrungskasten in Wachs abgedruckt haben, ihm 1000 Dukaten als ein Reisender in Bewahrung geben, ihm das Geld entwenden, und bei Gott ist Gnade, er muß ihnen den Schaden ersetzen; und sollte er selber mit Weib und Kind drüber zu Grunde gehn. In diesem Falle leiden sie gar nichts, und der arme Wirth Alles. Wenn eines Privatgutes Sicherheit dieses Verfahren billigt, warum soll es nicht um so mehr die Sicherheit einer öffentlichen Kasse. Doch sie werfen mir ein, sein Habe verliehren sey noch lange nicht die Ehre verlohren; ich könnt ihnen darauf antworten, wer mir die Mittel zum Leben nimmt, nimmt mir das Leben; die Sicherheit einer öffentlichen Kasse verlangt strengere Verordnung als die eines Privatgutes, aber ich will ein anders Beispiel anführen, das sich so oft schon ereignete, nicht in meinem Kopfe blos existirt, und in welchem Falle die öffentliche Sicherheit den weder confessus noch convictus lebenslänglich um das grosse Gut Freiheit bringt. Man erzählt, in Venedig sey einer erschlagen

wor=

worden, zu eben der Zeit schlief ein dritter auf einem Steine, man legte die Scheide des Messers, das noch in des ermordeten Leib stack neben den Schläfer, das Schicksal wollte daß alle übrige Umstände gegen ihn zeugten, er haßte den Ermordeten, er hatte kurz zuvor Streit mit ihm; der Arme ward auf die Folter gebracht, gestand aus Schmerzen ein, und ward hingerichtet, wenn ein ähnlicher Fall sich bei uns ereignete; wäre Freiheitsverlust bis der Thäter gefunden würde, und der könnte sich wohl auch nimmer finden, das wenigste was der Unschuldige zu dulden hätte. Dieses Gleichniß wird ihnen passend scheinen, wenn sie nicht Mord für ein viel größers Verbrechen halten, als Kasseneingriff, und wenn ihnen Freiheitsverlust nicht viel geringer dünkt, als Verlust der Ehre. Doch in ihrem Beispiele ist eine Kleinigkeit, die ihren Fall himmelweit von dem, den wir untersuchen, unterscheidet, übersehen worden. Denn ist der Kassenabgang gering, so läßt sich ein Fall mit dem andern ohnehin nicht vergleichen. Ist er aber beträchtlich, so riskirt der Eingreifende mit dem Unschuldigen sein Brod zu verliehren, welches bei einer Kasse, die viel betragen muß um einen grossen Verlust zu leiden, nicht unter tausend Thalern ist. Ich zweifle ob viele sich in der Situazion befinden werden, auf einmal so viel zu stehlen, wovon die Hälfte die Zinsen von tausend Thalern

lern abwirft, und ohne dabei noch überdieß seine Freiheit in Gefahr zu setzen, — weil man bei unerbrochner Kasse einen oder den andern, oder auch beide für die Diebe halten muß; da der Fall fast unmöglich ist, daß ein dritter sich beider Schlüssel bemächtigen sollte, denn hundert Defraudationen, Einbrüche, Diebstähle von hunderterlei Art lehrten allgemein die genauesten Vorkehrungen. Geht aber der Eingreifende flüchtig, dann fällt alle Vermuthung auf ihn, und der Zurückbleibende wird zwar wie billig an Geld, an Brod, manchmal an Freiheit für seine Nachläßigkeit gestraft, und dennoch für keinen Dieb gehalten. Aber giengen sie beide fort, man holte einen ein, der versicherte, er wäre aus Furcht entwichen, so glaubt man ihm das so lange nicht, bis er es bewiesen hat, und nur der Fall läßt sich mit unserm vergleichen, wo Szekeli's derangirte Oekonomie, sein Laboriren, Lakners Tod uns das nämliche, und vielleicht mehr Recht zur Vermuthung als im ersten Falle geben.

Seite XXI sagen Sie: *Noch eine Bemerkung will ich machen. Der Kaiser befahl: man solle dem Szekeli, nachdem er kaßirt ist, und folglich aufhört, Militar zu seyn, auf der Bühne den Zettel anhängen: Untreuer Beamter. Auf welche listige Art* such-

suchte Er, von seinem lieben Militär die Schande wegzuwälzen, und sie denen Beamten aufzubürden? Da hat ihnen wieder ihre voreilige Bitterkeit einen bösen Streich gespielt. Ich frage Sie war Szekeli als Gardekaßier Soldat, oder Beamter? war sein Verbrechen ein militärisches Verbrechen? — ich kenne deren nur drei für den Offizier, ein Subordinazionsfehler, Poltronerie, und ein Fehler gegen den Dienst. Warum mutzen Sie also dem Kaiser auf, daß er schrieb untreuer Beamter? — Hätt er schreiben sollen untreuer Oberstleutnant, oder Gardekasseverwahrer? und das lezte würde so viel als das erste geheißen haben. Oberstleutnant, Offizier, Soldat ist so gut ein Rang als Graf und Baron; — sein Rang mußte ihm also genommen werden, da blieb ihm denn nichts als sein Verbrechen, das war jenes eines Kaßiers, ein Kaßier ist ein Beamter, also konnte nichts anders auf dem Zettel stehn als untreuer Beamter. Sie schließen mit den Worten: Ich will nun nichts weiter sagen, als mich über das niederträchtige Betragen des Wiener Publikums bei Vollziehung d:r Strafe an Szekeli beklagen. Welche herrliche Augenweide war dieses jammervolle Spektakel dem gaffenden Pöbel! da stand er nun versammelt um die Bühne, starrte ihn an, den zitternden Greisen, wie eine leblose

Bild=

Bildsäule, und begnügte sich nicht ihn mit einigen Blicken zu fassen; nein! stundenlang verweilten sie, die neugierigen Wiener, um ihn her, und zürnten vielleicht noch im Herzen, wenn die Glocke die Stunde seiner Erlösung von dem Bühnenstehen läutete. Ein Beweis, wie viele Müßiggänger Wien in seinen Mauern einschließe, die ihre Zeit nicht anders zu tödten wissen, als durch den vergnügenden Anblick eines unglücklich bestraften Verbrechers. Ein Beweis, wie wenig die Wiener feines Gefühl und wahres Mitleiden für den Elenden haben. Ein Beweis, daß Kaiser Joseph recht dazu gemacht ist, den Geist der Wiener, der sich immer nach neuen, auffallenden Gegenständen sehnt, zu ernähren.

Und auch ich will nun nichts weiter sagen, als daß mir der Verfasser meinen bittern, groben Ton nicht übel nehmen soll; er war der erste, der in dem Tone sprach, und da er von seinem Kaiser in dem Tone sprach, glaubt ich, er verstünde keinen andern. Ferners versichere ich ihn, damit er mich nicht unter die gefühllosen Wiener rechne, daß mir Szekeli's Schicksal so nah als ihm gehe; so lang er mir aber nicht aktenmäßig erweisen wird, daß Szekeli sich von dem verdienten Verdachte losgemacht habe, alle Schuld unstreitig auf den

tod=

todten Rechnungsführer Lakner falle, daß er durch laboriren sein eigen Vermögen nicht aufgezehrt habe, daß dem Kaiser dieß alles, und mit Gewicht vorgestellt worden sey, und er dem ungeachtet auf seinem Entschlusse beharrt wäre, will ich's laut sagen, daß der ein Majestätschänder ist, der JOSEPH einer solchen Handlung fähig hält; und würde mir das alles auch bewiesen, würd ich doch als ein Unterthan JOSEPHS denken und sprechen, der Kaiser müße noch andre Gründe gehabt haben, so zu handeln, als er handelte, die er mir als seinem Unterthane, und dem Herrn Verfasser, der es zu seyn eingesteht, und den man auch ohne seinem Geständnisse aus den Provinzialismen, Gegenspeer, nachgemachter, Truchen, blinde Maus, für einen Oesterreicher erkennen würde, zu sagen nicht schuldig wäre. Endlich, wär ich selbst Republikaner, würd ich es bei aller Ueberzeugung nicht wagen, über einen einzigen Fall das Wort Tirann gegen was immer für einen Monarchen mir entwischen zu lassen. Noch füg ich bei, daß die allgemeine Sage: der Kaiser habe Szekelin Freiheit, und 50 oder 100 Dukaten geschenkt, die Uebelgesinnten nicht aufblähen soll, — bestättigte sie sich, so bewies dieses Verfahren nur für den Kaiser, der den Greisen bedauert, ihm sein Schicksal so gut als möglich erleichtert, nachdem er zuvor

vor den gegründeten Forderungen des Staates Genügen leistete. Und nun kein Wörtchen mehr

Spectatum admissi.

* Weil ich versprach die ganz Brochüre einzuschalten, so setz ich hier auch den Eingang derselben bei.

S. III. Seye es der Wahrheit erlaubt, heute wieder einmal unverkappt, ungeschminkt, ganz in ihrer schaudervollen Blöße zu erscheinen! — höret unbestechliche Richter, was ich euch von Szekeli's Verbrechen, von seiner Strafe, mit reinem, unpartheiischen Mund, mit warmen Herzen sagen werde, und fället dann Euer Urtheil über mich, über Szekeli, über seinen Richter.

Noch sind folgende paar unbedeutende Zeilen S. VI vor der ersten kaiserlichen Resoluzion vergessen worden.

Ich begreife aber nicht, wie der Kaiser auf den vom Hofkriegsrathe über die Untersuchung der Kasseveruntreuung des Szekeli hat sagen können rc.

www.ingramcontent.com/pod-product-compliance
Lightning Source LLC
Chambersburg PA
CBHW021433090426
42739CB00009B/1468